Michael Edinger

Die Bundesrepublik Deutschland

Titelbild: LZT. Deutscher Bundestag.
4. Umschlagseite: Wikipedia, campsmum/Patrick Jayne and Thomas. Sitz des Bundesrates, Preußisches Herrenhaus, Berlin

Dr. Michael Edinger ist Lehrbeauftragter an der Friedrich-Schiller-Universität Jena. Er hat zu Fragen des Parlamentarismus, der politischen Eliten und der politischen Kultur veröffentlicht.

Landeszentrale für politische Bildung Thüringen
Regierungsstraße 73, 99084 Erfurt
www.lzt-thueringen.de
2019

ISBN: 978-3-946939-45-0

Inhaltsverzeichnis

Claudia Hechtenberg/Caro/Süddeutsche Zeitung, 00108666

Grundgesetzbuch vor dem Berliner Reichstag, 2003.

Das Grundgesetz als Weichenstellung

Die Bundesrepublik Deutschland ist im Vergleich zu Großbritannien oder den Vereinigten Staaten eine junge, international jedoch längst als etabliert geltende Demokratie. Sie hat ihre wesentlichen Prägungen in der unmittelbaren Nachkriegszeit erfahren. Unter dem Eindruck der NS-Terrorherrschaft, in geringerem Maße auch der entstehenden Diktatur in der Sowjetischen Besatzungszone, ging es den Mitgliedern des Parlamentarischen Rates bei der Erarbeitung des Grundgesetzes 1948/49 um den Aufbau einer stabilen demokratischen, gegen totalitäre Versuchungen gefeiten politischen Ordnung.

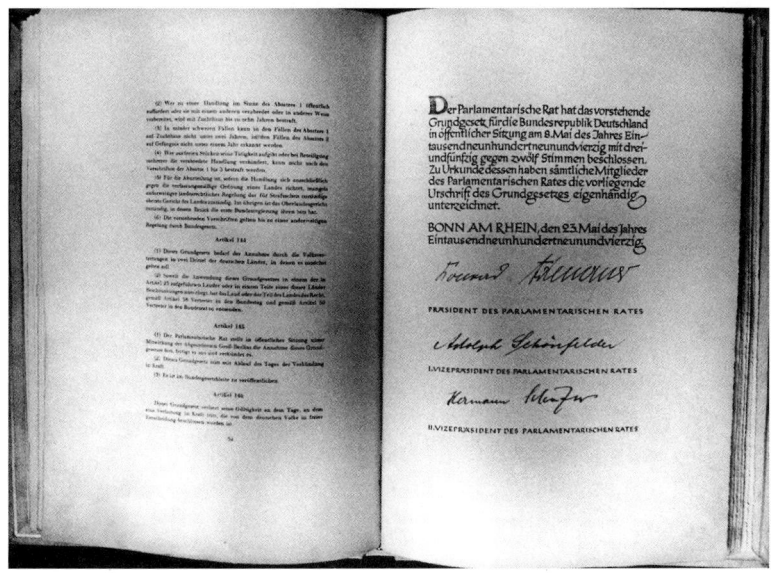

Sven Simon/Süddeutsche Zeitung, 00242501

Das Grundgesetz der Bundesrepublik Deutschland, Bonn 23. Mai 1949.

Vor allem bei der Gestaltung des Regierungssystems sollten Lehren aus dem Scheitern der Weimarer Republik gezogen und die dafür mitverantwortlichen Konstruktionsfehler vermieden werden.

Dafür, dass das Grundgesetz zunächst als ein Provisorium bis zur Überwindung der deutschen Teilung gedacht war – aus diesem Grund wurde es nicht als Verfassung bezeichnet –, hat es der bundesdeutschen Gesellschaft und Politik einen bemerkenswert stabilen Rahmen gegeben. Den meisten politischen Verantwortlichen galt es als so bewährt, dass auch mit der deutschen Einheit keine neue Verfassunggebung erfolgte. Stattdessen traten die neu gebildeten ostdeutschen Länder „dem Gebiet des Grundgesetzes" bei. Zwar ist das Grundgesetz seit seinem Inkrafttreten im Mai 1949 durch mehr als 60 Änderungsgesetze sowie durch die Rechtsprechung vor allem des Bundesverfassungsgerichts weiterentwickelt worden, seine Kernelemente genießen nach Art. 79 Abs. 3 GG jedoch einen unbegrenzten Bestandsschutz („Ewigkeitsgarantie").

Das bundesdeutsche politische System ruht vor allem auf vier zum Teil miteinander verbundenen Grundpfeilern: dem Demokratieprinzip, der Rechtsstaatlichkeit, dem Sozialstaatsprinzip und der Bundesstaatlichkeit (Art. 20 GG). Ausdruck des Demokratieprinzips ist die Legitimation politischer Herrschaft durch periodisch stattfindende freie Wahlen. Voraussetzung dafür ist ein pluralistischer Parteienwettbewerb. Faktisch haben sich dabei die Parteien zum maßgeblichen politischen Mittler zwischen Bürger und Staat entwickelt. Über die Erfüllung wichtiger gesellschaftlich-politischer Funktionen (Mobilisierung, Interessenbündelung, Auswahl politischen Personals etc.) hinaus haben sie entscheidenden Einfluss auf das staatliche Handeln. Anfänglich als Zeichen einer Demokratisierung der politischen Kultur begrüßt, ist die Entwicklung der Bundesrepublik zum „Parteienstaat" seit den 1980er-Jahren verstärkt kritisiert und eine Zurückdrängung der Parteienmacht gefordert worden.

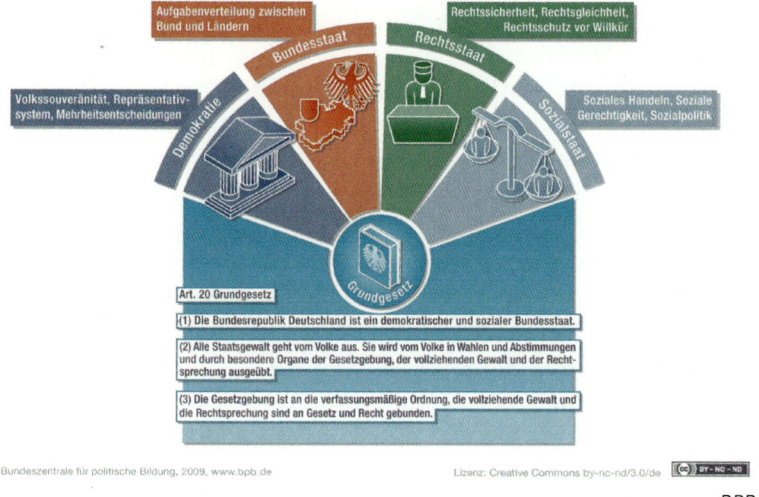

Art. 20 Grundgesetz

(1) Die Bundesrepublik Deutschland ist ein demokratischer und sozialer Bundesstaat.

(2) Alle Staatsgewalt geht vom Volke aus. Sie wird vom Volke in Wahlen und Abstimmungen und durch besondere Organe der Gesetzgebung, der vollziehenden Gewalt und der Rechtsprechung ausgeübt.

(3) Die Gesetzgebung ist an die verfassungsmäßige Ordnung, die vollziehende Gewalt und die Rechtsprechung sind an Gesetz und Recht gebunden.

BPB

Strukturprinzipien des Grundgesetzes.

Das Rechtsstaatlichkeitsprinzip bindet das staatliche Handeln an Recht und Gesetz. Dem einzelnen Bürger garantierte Grundrechte sollen ihn vor Willkürakten des Staates schützen. Das Sozialstaatsprinzip als Ergänzung zur Rechtsstaatlichkeit wiederum verpflichtet die Regierung zu einer Sicherung der sozialen Mindestversorgung und zu sozialen Ausgleichsmaßnahmen. Deren Umfang muss im politischen Entscheidungsprozess immer wieder neu ausgehandelt werden.

Schließlich sollen in der Bundesrepublik als föderalem Staat die Interessen der Länder im Entscheidungsprozess gebührend Berücksichtigung finden (Bundesstaatlichkeit). Laut Grundgesetz sind dem Bund und den 16 Ländern sowohl ausschließliche Kompetenzen als auch gemeinsam zu bewältigende Aufgaben zugewiesen. In der Verfassungspraxis hat sich durch wachsenden Koordinierungsbedarf zwischen dem Bund und den Gliedstaaten ein kooperativer Föderalismus entwickelt. Er gewährleistet, dass weder eine Politik gegen die Länder noch eine gegen den Bund betrieben werden kann. Aus der Sicht von Kritikern hat dies jedoch stellenweise Züge einer effizienzhemmenden „Politikverflechtung" (F. W. Scharpf) angenommen. Das Ringen um eine bessere und klarere Zuordnung von Zuständigkeiten und Verantwortlichkeiten ist daher ein wesentlicher Grund für die Föderalismusreformen gewesen, die es in den 2000er-Jahren gegeben hat.

Leistet der Föderalismus eine Machtaufteilung zwischen den Ländern und dem Bund (vertikale Gewaltenteilung), so soll auf der Ebene des Bundes das Institutionengefüge verhindern, dass die Macht in nur einer Hand konzentriert wird (horizontale Gewaltenteilung). Das entsprechende System der Gewaltenteilung und -verschränkung (*checks and balances*) wird durch die Verfassungsorgane Bundestag, Bundesregierung, Bundesrat, Bundesverfassungsgericht und teils auch dem Bundespräsidenten geprägt. Dadurch bestehen in Deutschland mehr „Vetospieler" als etwa im britischen Regierungssystem. Diese verhindern, dass ein einzelner Akteur, etwa die Regierung mitsamt der sie stützenden Parlamentsmehrheit, politische Entscheidungen uneingeschränkt durchsetzen kann. Dieses Strukturelement hat dazu beigetragen, dass sich in Deutschland Verfahren des Interessenausgleichs und des Zusammenwirkens auch außerhalb des Zentrums des Regierungssystems herausgebildet haben. Daher ist die Bundesrepublik verschiedentlich als Konsensus- und Verhandlungsdemokratie charakterisiert worden.

Das Parlamentarische System und seine Ausgestaltung

Mit seinen seit der Wahl 2017 nunmehr 709 Abgeordneten stellt der Deutsche Bundestag das einzige direkt vom Volk (auf vier Jahre) gewählte Verfassungsorgan dar. Sein breites Aufgabenspektrum umfasst über die Repräsentation des Wahlvolks und die Gesetzgebung hinaus vor allem die Kontrolle der Regierungstätigkeit. Zudem obliegen dem Parlament wesentliche Personalentscheidungen, darunter die Wahl des Bundeskanzlers, der Hälfte der Verfassungsrichter sowie des Bundespräsidenten (als Bundesversammlung im Zusammenwirken mit einer gleich großen Zahl von durch die Landesparlamente bestimmten Vertretern).

LZT

Mit Blick auf seine praktische Gestaltungsmacht wird der Bundestag mitunter überschätzt. So müssen zwar alle Gesetze vor Inkrafttreten vom Bundestag (nach nominell drei Lesungen) verabschiedet werden, sie haben ihren Ursprung aber mehrheitlich in der Bundesregierung bzw. den zuständigen Ministerien. Diese Dominanz der Exekutive liegt im Wesen der parlamentarischen Demokratie begründet. Anders als in präsidentiellen Systemen wie dem der USA werden die Entscheidungsprozesse nicht in erster Linie von dem Spannungsverhältnis zwischen Exekutive und Legislative bestimmt. Die Konfliktlinie verläuft vielmehr entlang der Mehrheitsverhältnisse quer durch das Parlament. Idealtypisch stehen sich demnach bei kontroversen politischen Entscheidungen die Bundesregierung sowie die sie tragende(n) Mehrheitsfraktion(en) einerseits und die Oppositionsfraktion(en) andererseits gegenüber. In der Konsequenz sind Gesetzesinitiativen der Opposition in der Regel zum Scheitern verurteilt.

Die Kontrollinstrumente des Bundestages gegenüber der Regierung sind zwar begrenzt, im internationalen Vergleich jedoch beachtlich: Sieht man von der (höchst unwahrscheinlichen) Möglichkeit der Ablehnung des Haushaltes ab, stellt die Einrichtung von Untersuchungsausschüssen noch die stärkste Waffe (der parlamentarischen Opposition) dar, zumal dafür die Zustimmung von einem Viertel der Abgeordneten ausreicht. Der Bundestag verfügt zudem über die Möglichkeit eines konstruktiven Misstrauensvotums, d. h. er kann dem Bundeskanzler (nur dann) das Misstrauen aussprechen, wenn er zugleich einen Nachfolger wählt. Anwendung gefunden hat das konstruktive Misstrauensvotum bislang erst zweimal: 1972 während ersten SPD-FDP-Koalition im Bund erfolglos gegen Kanzler Willy Brandt und 1982 beim Regierungswechsel von der sozialliberalen zur christlich-liberalen Koalition. Die genannten Regelungen sind Ausdruck des für die bundesdeutsche Demokratie maßgeblichen Mehrheitsprinzips. Ziel der Opposition ist es in diesem Rahmen, bei den nächsten Wahlen selbst in die Mehrheitsposition zu gelangen.

In ihrer Binnenstruktur wird die Bundestagsarbeit maßgeblich durch die Fraktionen, die Parteigruppen im Parlament, bestimmt. Sie prägen die politischen Konfliktlinien und legen die personelle Besetzung der wichtigsten Gremien, insbesondere der Ausschüsse und des Präsidiums, fest. Abseits der Öffentlichkeit findet ein Großteil der Gesetzesarbeit in den mit mehr oder minder spezialisierten Abgeordneten besetzten (ständigen) Ausschüssen statt. Diese entsprechen zumeist den Amtsbereichen der Ministerien. Für ihre praktische Arbeit gilt, dass kaum ein Gesetzentwurf so in die Ausschüsse hineingeht, wie er wieder herauskommt.

Obwohl noch deutlich vom US-amerikanischen Modell entfernt, hat sich der Bundestag im Zuge fortschreitender Spezialisierung und Professionalisierung zu einem Arbeitsparlament entwickelt. Die Arbeit in Ausschüssen und Unterausschüssen hat gegenüber den Plenardebatten an Bedeutung gewonnen.

ullstein bild – photothek, 00103506

Ausschusssitzung im Deutschen Bundestag. Sportausschusssitzung im Marie-Elisabeth-Lueders-Haus, 12. November 2008.

Deutscher Bundestag, Berlin September 2017.

Diese Entwicklungen erklären auch die oftmals leeren Abgeordnetenbänke bei Plenardebatten. Im Plenum geht es nicht vorrangig um die Überzeugung der politischen Wettbewerber, sondern um die Darstellung bereits zuvor geklärter Positionen gegenüber der Öffentlichkeit.

Die Zusammensetzung des Bundestags wird durch das Wahlrecht sowie die Struktur und Entwicklung des nationalen Parteiensystems bestimmt. Das seit den 1950er-Jahren nicht grundlegend veränderte personalisierte Verhältniswahlrecht kombiniert die ungefähr proportionale Umrechnung der Stimmen in Mandate (über die wichtigere Zweitstimme) mit der Personenwahl in Einerwahlkreisen (Erststimme). In Verbindung mit der Fünf-Prozent-Sperrklausel hat es maßgeblich zur Konsolidierung des Parteiensystems beigetragen. Dieses war in der unmittelbaren Nachkriegszeit noch von vielen Kleinparteien geprägt. Darüber hinaus hat es fast durchweg die absolute Mehrheit einer Partei im Parlament verhindert und damit Koalitionen erforderlich gemacht.

Von den späten 1950er- bis in die 1980er-Jahre hinein zeichnete sich das bundesdeutsche Parteiensystem durch eine starke Konzentration, mäßige Polarisierung und eine überschaubare Wählerfluktuation von einer Wahl zur nächsten aus. Bereits mit dem Einzug der Grünen in den Bundestag haben sich diesbezüglich Veränderungen ergeben. Markant haben sich das Parteiensystem und in der Folge auch die politische Zusammensetzung des Bundestags in den 2000er Jahren gewandelt. Dieser Wandel vollzog sich durch das Aufkommen neuer Parteien, starke Schwankungen im Wahlverhalten und eine gewachsene Polarisierung. Ein Beispiel für das Ausmaß der Veränderungen ist der kumulierte Stimmenanteil von CDU/CSU und SPD. Er hat sich seit den 1970er-Jahren von über 90 Prozent auf weniger als 55 Prozent bei der Wahl 2017 reduziert.

Die parlamentarische Demokratie in den Ländern ist ähnlich ausgestaltet wie im Bund. Die Zusammensetzung der Landesparlamente weicht hingegen teils deutlich von der des Bundestags ab und variiert auch zwischen den Ländern erheblich. Ursächlich dafür können historische Prägungen, Unterschiede in den regionalen Parteienlandschaften oder landespolitische Gelegenheitsstrukturen sein.

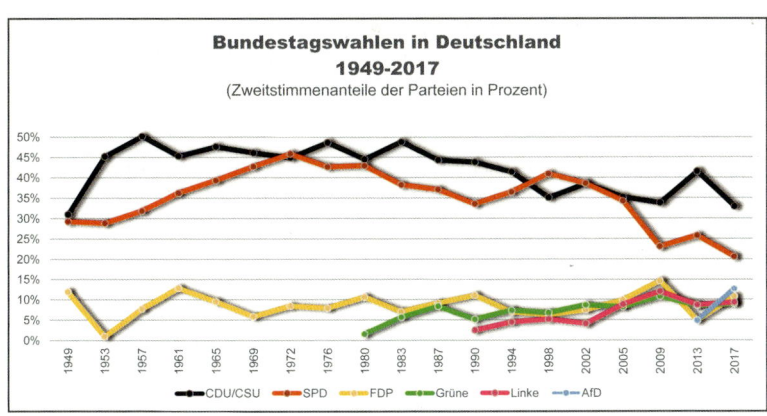

13

Amtssitz des Bundespräsidenten, Schloss Bellevue, Berlin.

Die Exekutive: Starke Regierung, Schwacher Präsident

Ist der Bundestag infolge der Wahl durch das Volk das Verfassungsorgan mit der stärksten Legitimation, so stellt die Bundesregierung (Bundeskanzler und Bundesminister) das eigentliche politische Entscheidungszentrum der Berliner, vormals Bonner Republik dar. Hingegen ist das Amt des Bundespräsidenten aufgrund der negativen Erfahrungen in der Weimarer Republik mit geringen Kompetenzen ausgestattet.

Neben repräsentativen und integrativen Funktionen ist dem auf fünf Jahre gewählten Bundespräsidenten insbesondere eine Reservefunktion zugedacht. Er gewinnt vor allen dann an politischem Gewicht, wenn sich andere Verfassungsorgane als nicht oder nur begrenzt handlungsfähig erweisen. Beispielsweise ist es in das Ermessen des Bundespräsidenten gestellt, den Bundestag aufzulösen und Neuwahlen herbeizuführen, wenn der Bundeskanzler nur mit relativer Mehrheit gewählt wird. Gleiches gilt, wenn der Kanzler durch eine offensichtlich „unechte", entsprechend negativ beantwortete Vertrauensfrage Neuwahlen herbeiführen möchte, wie dies Kohl 1982 und Schröder 2005 getan haben. Zwar kann der Bundespräsident, da er die Gesetze ausfertigt, grundsätzlich das Inkrafttreten von Gesetzen verhindern. Dies ist jedoch nur zulässig bei Zweifeln an deren rechtmäßigem Zustandekommen oder bei mutmaßlichen Verstößen gegen grundgesetzliche Bestimmungen. Entsprechend selten haben die bisherigen Präsidenten von dieser Möglichkeit Gebrauch gemacht.

Auch wenn es sich bei den Bundespräsidenten überwiegend um erfahrene Parteipolitiker handelt – der einzige Parteilose im Amt war mit Joachim Gauck auch zugleich der ein-

Name (Lebensdaten)	Partei	Amtszeiten	Wahlgänge
Theodor Heuss (1884–1963)	FDP	1949–1959	2/1 #
Heinrich Lübke (1894–1972) +	CDU	1959–1969	2/1 #
Gustav Heinemann (1899–1976)	SPD	1969–1974	3
Walter Scheel (1919–2016)	FDP	1974–1979	1
Karl Carstens (1914–1992)	CDU	1979–1984	1
Richard von Weizsäcker (1920–2015)	CDU	1984–1994	1/1 #
Roman Herzog (1934–2017)	CDU	1994–1999	3
Johannes Rau (1931–2006)	SPD	1999–2004	2
Horst Köhler (* 1943) +	CDU	2004–2010	1/1 #
Christian Wulff (* 1959) +	CDU	2010–2012	3
Joachim Gauck (* 1940)	parteilos	2012–2017	1/1 #
Frank-Walter Steinmeier (* 1956)	SPD	seit 2017	1
+ vorzeitige Beendigung der Amtszeit durch Rücktritt # Zahl vor dem Schrägstrich bezieht sich auf die erstmalige Wahl, die dahinter auf die Wiederwahl			

Tabelle 1: Bundespräsidenten der Bundesrepublik Deutschland seit 1949.

zige Ostdeutsche – wird ihre Wahl von parteipolitischem Kalkül bestimmt. Gleichwohl wird von ihnen die Vertretung des gesamten Volkes und daher Überparteilichkeit erwartet. Dieser Erwartung haben alle 12 Präsidenten entsprochen, die sich ansonsten in ihrer Amtsführung teils deutlich voneinander unterschieden. Gerade die Entfernung zur Tagespolitik ermöglicht es dem Bundespräsidenten, grundlegende Themen aufzugreifen und Debatten zu initiieren, die das Selbstverständnis der Gesellschaft betreffen. Die Wirkungen des Amtes liegen dementsprechend nicht in der Politikgestaltung, sondern in der „geistigen Führung".

Die Richtlinien bundesdeutscher Politik bestimmt der als einziges Regierungsmitglied vom Bundestag gewählte Bundeskanzler. Innerhalb der Regierung ist der Bundeskanzler durch seine Freiheit bei der Ministerbestellung und seine Organisationsgewalt privilegiert. Schließlich ist das politische Schicksal der Regierung an das des Bundeskanzlers gebunden: Wird diesem von der Bundestagsmehrheit (durch ein konstruktives Misstrauensvotum) das Vertrauen entzogen, stürzt damit auch „seine" Regierung.

Gerade mit Blick auf die Kanzlerschaft Adenauers (1949–1963) ist die Bundesrepublik daher als „Kanzlerdemokratie" bezeichnet worden. Eine monopolartige Entscheidungskompetenz des Bundeskanzlers ist damit jedoch nicht gemeint. Neben dem Kanzlerprinzip genießen auch das Kollegial- und das Ressortprinzip Verfassungsrang. Dem Kollegial- bzw. Kabinettsprinzip zufolge tritt das Bundeskabinett nach außen hin geschlossen auf und verfügt über einige Kompetenzen nur kollektiv. Gemäß dem Ressortprinzip wiederum leiten die einzelnen Minister eigenverantwortlich ihren Arbeitsbereich. Der Handlungsspielraum des Kanzlers ist demnach in der Verfassung nur grob abgesteckt. In der Geschichte der Bundesrepublik lassen sich „starke" (z. B. Konrad Adenauer, Gerhard Schröder) von „schwachen" Kanzlern (z. B. Kurt Georg Kiesinger als Kanzler der ersten Großen Koalition) unterscheiden.

Bundeskanzleramt, Berlin.

Auch die „starken" Kanzler haben in der bisherigen Regierungspraxis innerparteiliche Interessengruppen sowie die Ansprüche des jeweiligen Koalitionspartners berücksichtigen müssen. Dies gilt auch für die Zusammensetzung des Kabinetts. Politische Entscheidungen werden üblicherweise in kleinere, informelle Gremien verlagert. Sie dienen der frühzeitigen Abstimmung der Regierungsfraktionen und machen die

Regierungsarbeit effektiver. Zu diesen Gremien zählen vor allem die Koalitionsrunden, an denen neben dem Kanzler und ausgewählten Ministern auch die Fraktions- und ggf. die Parteispitzen der Regierungsparteien teilnehmen. Der Prozess der politischen Entscheidungsfindung wird dadurch allerdings schwerer durchschaubar.

Anhand der Regierungskoalitionen lassen sich verschiedene Phasen bundesrepublikanischer Politik unterscheiden (Tabelle 2): In die Phase der CDU/CSU-geführten bürgerlichen Regierungen (1949–66) fallen das Wirtschaftswunder und die Westintegration der Bundesrepublik. Die an die erste Große Koalition (1966–69) anschließende Phase der sozialliberalen Koalition (1969–82) war innenpolitisch durch eine gesellschaftliche Liberalisierung und außenpolitisch durch die Entspannungspolitik gekennzeichnet. 1982 folgte eine christlich-liberale Regierung, deren zentrale politische Aufgabe seit 1990 in der Gestaltung der deutschen Einheit bestand. Sie wurde 1998 von der ersten Bundesregierung aus SPD und Bündnis 90/Die Grünen abgelöst, die unter anderem Reformen der sozialen Sicherungssysteme durchsetzte. Seit den vorgezogenen Neuwahlen 2005 ist Deutschland die meiste Zeit von Großen Koalitionen aus CDU/CSU und SPD regiert worden; lediglich von 2009 bis 2013 amtierte eine christlich-liberale Regierung. Wesentliche Herausforderung für die von Kanzlerin Angela Merkel geführten Regierungskoalitionen war die Bewältigung der Finanzkrise und der sich anschließenden Eurokrise in den Jahren 2008 bis etwa 2012 sowie ab 2015 die Aufnahme und Integration von Flüchtlingen.

Tabelle 2 verdeutlicht die sowohl gegenüber der Weimarer Republik als auch im europäischen Vergleich lange Amtsdauer der Kanzler und die enorme Beständigkeit der Bundesregierungen. Die bisherigen Regierungswechsel sind zudem nur selten wie 1998 Resultat einer Wahlentscheidung gewesen. Vielmehr gehen sowohl die Bildung der Großen Koalition 1966 als auch die der christlich-liberalen Koalition 1982 auf den politischen Kurswechsel einer Partei zurück.

Zeitraum	Koalitionsformat	Bundeskanzler/in	Koalitionsfraktionen
1949–1963	Bürgerlich	Konrad Adenauer (CDU)	CDU/CSU-FDP bis 1961 zumeist auch DP; 1953–56 auch GB/BHE; 1956–57 auch FVP; 1956–61 ohne FDP; kurzzeitig Alleinregierung CDU/CSU
1963–1966	Bürgerlich	Ludwig Erhard (CDU)	CDU/CSU-FDP
1966–1969	Große Koalition	Kurt Georg Kiesinger (CDU)	CDU/CSU -SPD
1969–1974	Sozialliberal	Willy Brandt (SPD)	SPD-FDP
1974–1982	Sozialliberal	Helmut Schmidt (SPD)	SPD-FDP
1982–1998	Bürgerlich	Helmut Kohl (CDU)	CDU/CSU-FDP
1998–2005	Rot-Grün	Gerhard Schröder (SPD)	SPD-Bündnis90/Die Grünen
seit 2005	überwiegend Große Koalition	Angela Merkel (CDU)	CDU/CSU-SPD (2009–13: CDU/CSU-FDP)

Tabelle 2: Regierungskoalitionen und Bundeskanzler, 1949–2018.

Die Möglichkeiten der Regierungsbildung sind durch die Struktur des Parteiensystems vorgeprägt. Dabei war die FDP lange Zeit der mögliche Koalitionspartner für CDU/CSU und SPD. Entsprechend ist sie bis 1998 als Juniorpartner an allen Regierungen beteiligt gewesen, sieht man von kurzen Perioden der CDU/CSU-Regierung (1956–61) und der Großen Koalition (1966–69) ab. Mit der Integration der GRÜNEN bzw. von Bündnis 90/Die Grünen in das parlamentarische System haben sich spätestens seit den 1990er-Jahren die Möglichkeiten der Regierungsbildung auf Bundesebene erweitert. Hingegen ist die aus dem Zusammenschluss der postkommunistischen Regionalpartei PDS mit einem westdeutsch geprägten Wahlbündnis hervorgegangene LINKE trotz ihrer erfolgreichen bundesweiten Etablierung noch kein anerkannter Kandidat für die Koalitionsbildung auf Bundesebene.

Ungeachtet neuer möglicher Koalitionsformate wird die Regierungsbildung durch die steigende Fragmentierung des Parteiensystems erschwert. Dies gilt im Besonderen seit dem Einzug der AfD in den Bundestag, da diese teils als rechtspopulistisch, teils als rechtsextrem eingestufte Partei mittelfristig nicht koalitionsfähig sein dürfte. Diese Konstellation hat nach der Bundestagswahl 2017 erstmalig seit Jahrzehnten zu – letztlich gescheiterten – Verhandlungen über eine Vierparteienregierung, die sog. Jamaika-Koalition aus CDU, CSU, FDP und Bündnis 90/Die Grünen, geführt. Niemals zuvor hat zudem eine Regierungsbildung in der bundesdeutschen Nachkriegsgeschichte annähernd so lange gedauert: 172 Tage vom Wahltag bis zur Vereidigung des vierten Kabinetts von Angela Merkel, das eine Fortsetzung der Großen Koalition bedeutete.

Hinsichtlich ihrer politischen Gestaltungskraft unterliegt die Bundesregierung anders als etwa die britische Regierung erheblichen institutionellen Beschränkungen: Sowohl der Bundesrat als auch das Bundesverfassungsgericht können als Gegengewichte zur Parlamentsmehrheit agieren und unter bestimmten Voraussetzungen Entscheidungen der Regierungsmehrheit mit einem Veto belegen.

Kiel

Hamburg

Schwerin

Bremen

Berlin

Hannover

Magdeburg

Potsdam

Düsseldorf

Dresden

Erfurt

Wiesbaden

Mainz

Saabrücken

Stuttgart

München

Michael Schwiderowski

Die 16 Länder der Bundesrepublik Deutschland.

Exekutivlastiger Föderalismus mit dem Bundesrat als Gegenmacht der Länder?

Dem Bundesrat ist im föderalen System die Vertretung der Länderinteressen gegenüber dem Bund durch Mitwirkung an Gesetzgebung und Verwaltung zugedacht. Im Parlamentarischen Rat hat sich das Bundesratsmodell erst nach langwierigen Verhandlungen gegen das Senatsmodell mit direkt vom Volk gewählten Ländervertretern durchsetzen können. Die zurzeit 69 Bundesratsmitglieder entstammen den Landesregierungen, wobei jedes Land entsprechend seiner Bevölkerungszahl drei bis sechs Minister entsendet.

Im Unterschied zu den Bundestagsabgeordneten sind die Bundesratsmitglieder weisungsgebunden und müssen pro Land einheitlich abstimmen. Wird dennoch uneinheitlich abgestimmt, ist dies als Enthaltung zu werten, wie das Bundesverfassungsgericht 2002 anlässlich der kontroversen Abstimmung über das Zuwanderungsgesetz bekräftigt hat. Die Plenardebatten gelten gegenüber denen des Bundestages als konsensorientiert und sachlicher. In aller Regel gehen diesen auf der Ebene der Ministerialverwaltungen und in den derzeit 16 ständigen Bundesratsausschüssen bereits weitreichende Vorabstimmungen voraus.

Der Bundesrat hat bei der Gesetzgebung grundsätzlich ein Einspruchsrecht, das aber vom Bundestag mit absoluter Mehrheit überstimmt werden kann. Über ein Vetorecht verfügt der Bundesrat, wenn die Kompetenzen der Länder (auch als ausführende Organe) betroffen sind. Der Anteil an Gesetzen, die der Zustimmung des Bundesrates bedürfen, ist infolge der ersten Föderalismusreform 2005 von 50 bis 60 Prozent auf deutlich unter 40 Prozent gesunken. Zusätzlich zu diesen le-

Sitzung des Bundesrates, 2018.

gislativen Kompetenzen, zu denen auch das allerdings wenig in Anspruch genommene Gesetzesinitiativrecht zählt, wählt der Bundesrat beispielsweise die Hälfte der Verfassungsrichter und wirkt im Gemeinsamen Ausschuss (einem verkleinerten Parlament im Verteidigungsfall) mit.

In der politischen Praxis sind zwei Konstellationen zu unterscheiden: Bei gleichgerichteten Mehrheiten in Bundestag und Bundesrat, wie sie bis zum Ende der ersten Großen Koalition und zwischen 1982 und 1990 bestanden, dient die zweite Kammer allein als Interessenvertretung der Länder. Bei einer fehlenden Mehrheit der Regierungsparteien im Bundesrat, wie sie während der gesamten sozialliberalen Koalition gegeben war und seit der deutschen Vereinigung zumeist bestand, gewinnt neben dem Bund-Länder-Konflikt die parteipolitische Konfliktlinie an Bedeutung. Die Parlamentsminderheit vermag über den Bundesrat Gesetzgebungsprojekte der Regierung zu verhindern (Blockademacht) oder ggf. im Sinne der eigenen Vorstellungen zu verändern. Mit der Pluralisierung

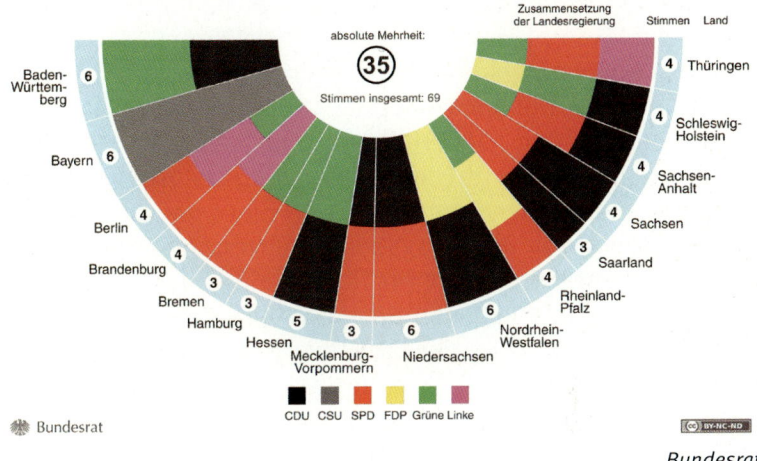

Die Zusammensetzung des Bundesrates

CDU CSU SPD FDP Grüne Linke

Bundesrat

Die Zusammensetzung des Bundesrats, Stand: August 2018.

des Parteiensystems und der politisch bunteren Zusammensetzung der Landesregierungen in den letzten 10 bis 15 Jahren wird die Bundesratsmehrheit der Regierungsparteien im Bund unwahrscheinlicher.

In der Zustimmungserfordernis der Länderkammer ist treffend das Potenzial für einen Dauerkonflikt beider Verfassungsorgane erkannt worden. Die Verfassungspraxis allerdings sieht eher anders aus: Spätestens im paritätisch besetzten Vermittlungsausschuss wird in der Regel eine Einigung zwischen Bundestag und Bundesrat erreicht. So hat die zweite Kammer selbst zu Zeiten einer Mehrheit der Parlamentsopposition nur wenige Gesetzentwürfe abgelehnt, auch wenn dieser Anteil nach der deutschen Vereinigung zeitweilig gestiegen ist.

Eigentlich das föderale Organ schlechthin, hat der Bundesrat weniger zu einer föderalen Vielfalt als zu einer Vereinheitlichung der Politik in der Bundesrepublik beigetragen. Infolge seines bundespolitischen Gewichts wird die Landespolitik oftmals von bundespolitischen Themen (mit-)bestimmt. Mitunter

25

geraten Landtagswahlkämpfe wegen ihrer Auswirkungen auf die Mehrheitsverhältnisse im Bundesrat gar zu verkappten Bundeswahlkämpfen.

Durch Mitwirkungsrechte in Angelegenheiten der Europäischen Union ist die zweite Kammer und mit ihr der Exekutivföderalismus in den 1990er-Jahren zunächst gestärkt worden. Die dadurch verbesserte Stellung der Länder stoppte aber nur vorübergehend einen Trend, bei dem diese vor allem durch Ausschöpfung von Regelungskompetenzen durch den Bund erheblich an Handlungsmöglichkeiten eingebüßt haben. Die Landesparlamente konnten davon allerdings kaum profitieren. Sie haben im Zuge der schrittweisen Verlagerung politischer Entscheidungen auf die europäische Ebene und wegen des exekutivlastigen Föderalismus Gestaltungsmöglichkeiten eingebüßt, zumindest bei der Gesetzgebung.

Wikipedia, Jörg Zägel

Vertretung des Freistaates Thüringen beim Bund, Berlin.

Das Bundesverfassungsgericht: „Hüter der Verfassung" oder „Ersatzgeber"?

Neben dem Bundesrat hat ein anderes Verfassungsorgan der Souveränität des Bundestags bzw. der Regierung Grenzen gezogen: das Bundesverfassungsgericht. Seine Konstituierung 1951 folgte vor allem der Überlegung, dass es grundgesetzliche Garantien gegen staatliches Handeln, insbesondere gegen (tagespolitisch motivierte) Eingriffe der einfachen Parlamentsmehrheit, zu schützen gelte. Dem aus zwei Senaten mit (seit 1963) jeweils acht Richtern bestehenden Gericht ist somit die Rolle eines „Hüters der Verfassung" zugewiesen, der bei der Verfassungsinterpretation über das letzte Wort verfügt.

Wikipedia, Guido Radig

Bundesverfassungsgericht, Karlsruhe.

Das Gericht entscheidet bei Verfassungsstreitigkeiten zwischen staatlichen Organen sowie zwischen Bund und Ländern. Ihm obliegt zudem die Normenkontrolle, d. h. die Überprüfung einzelner Rechtsnormen auf ihre Vereinbarkeit mit dem Grundgesetz. Schließlich kann es mit Verfahren zur Wahl- und Mandatsprüfung sowie zum Schutz von Demokratie und Rechtsstaatlichkeit (z. B. Parteiverbote, Grundrechteverwirkung und – bisher nicht praktiziert – Präsidentenanklage) befasst werden.

Quantitativ überwiegen mit knapp 97 % die Verfassungsbeschwerden einzelner Bürger (bei einer Erfolgsquote von 2,3 %), gefolgt von konkreten Normenkontrollverfahren, die jedes Gericht anlässlich eines aktuellen Rechtsstreits anstrengen kann. Zumeist sind es jedoch Verfahren der abstrakten Normenkontrolle sowie Verfassungsstreitigkeiten (Organstreitigkeiten, Bund-Länder-Konflikte etc.), denen politische Brisanz zukommt und die das Gericht zu einer Gratwanderung zwischen Recht und Politik zwingen. Dabei wählen vorwiegend oppositionelle Kräfte den Weg vor das Gericht. Wiederholt geschah dies, um eine (politische) Niederlage in einen (verfassungsrechtlichen) Sieg umzuwandeln – oftmals mit Erfolg. So verwarf das Verfassungsgericht etwa 1961 (gegen die Regierung Adenauer) die Einführung eines dem Bund unterstehenden Fernsehsenders oder 1978 (gegen die Regierung Schmidt) das die Kriegsdienstverweigerung erleichternde Wehrpflichtänderungsgesetz als verfassungswidrig.

Der Gefahr einer Politisierung der Verfassungsrechtsprechung soll durch die erforderliche Zweidrittelmehrheit (bis 1956: Dreiviertelmehrheit) bei der Wahl der Richter verhindert werden, die jeweils zur Hälfte vom Bundestag und Bundesrat bestimmt werden. Demselben Ziel dient der Ausschluss der Wiederwahl (seit 1970) der Richter, deren Amtszeit 12 Jahre beträgt. Der umgekehrten Gefahr einer Verrechtlichung der Politik soll dadurch begegnet werden, dass das Verfassungsgericht nicht von sich aus ein Verfahren einleiten kann. Diese Regelungen haben jedoch nicht verhindern können, dass zahlreiche Entscheidungen heftig umstritten gewesen sind.

Der Erste Senat des Bundesverfassungsgerichts bei einer Urteilsverkündung, Karlsruhe 2010.

Die Möglichkeiten, sich vom Kontrollorgan und „Hüter der Verfassung" zum Ersatzgesetzgeber zu entwickeln, sind dem Bundesverfassungsgericht gegeben. Mitunter hat es dem Gesetzgeber recht enge Vorgaben für eine verfassungskonforme Gesetzgebung gemacht. Ebenso ist aber eine Tendenz zur richterlichen Selbstbeschränkung zu beobachten. In der öffentlichen Wahrnehmung hat sich das Bundesverfassungsgericht ungeachtet der vielfältigen Urteilsschelte aus Politik und Justiz/Rechtswissenschaft bewährt: Unter den Institutionen des Regierungssystems wird ihm seit Jahren das größte Vertrauen entgegengebracht. Hingegen findet die Rechtsprechung der mittlerweile in allen 16 Ländern bestehenden Landesverfassungsgerichte kaum öffentliche Beachtung. Gleichwohl kommt ihnen auf Landesebene eine wichtige Funktion zu, wie sich für Thüringen anhand der Urteile des Verfassungsgerichtshofs etwa zu kommunalen Verfassungsbeschwerden oder zur Zulässigkeit von Volksbegehren zeigen lässt.

Deutschland in der Europäischen Union.

Bundeszentrale für politische Bildung, 2013, www.bpb.de

BPB

Die Europäisierung des deutschen Regierungssystems

Das bundesdeutsche Regierungssystem hat sich auch infolge der europäischen Integration gewandelt. Von der Europäischen Union gehen wichtige Impulse und Anpassungen aus; sie ist – in den Worten Roland Sturms – „in die Poren der deutschen Politik vorgedrungen". Im Ergebnis einer vielgestaltigen Europäisierung lässt sich das politische System daher nur als Teil des europäischen Mehrebenensystems angemessen verstehen. Dabei stellt die europäische Durchdringung nationalstaatlicher Politik Deutschland mit seiner Verflechtung von Politikebenen vor geringere Anforderungen als manche andere EU-Mitgliedstaaten.

Sichtbarste Form der Europäisierung ist die Prägung deutschen Rechts durch die europäische Gesetzgebung. Diese geschieht vor allem über (unmittelbar rechtsverbindliche) EU-Verordnungen und die bei weitem zahlreicheren Richtlinien. Diese bedürfen erst noch der Umsetzung in deutsches Recht, wobei den nationalen Akteuren ein beträchtlicher Handlungsspielraum verbleibt. Mittlerweile haben viele politische Entscheidungen im Bund und in den Ländern eine europäische Dimension.

Die politischen Institutionen tragen dieser Entwicklung Rechnung, indem sie ihre Strukturen und Verfahren anpassen. Sie entwickeln aber auch Kapazitäten, um ihrerseits politische Prozesse auf der EU-Ebene mitgestalten zu können. Im Ergebnis funktioniert Europäisierung nicht nur als Top-Down-Prozess, sondern auch in umgekehrter Richtung (Bottom-Up). Der Bundestag beispielsweise ist Objekt der Europäisierung, wenn er EU-Richtlinien umsetzt. Indem er aber etwa über sein

Verbindungsbüro in Brüssel oder die institutionalisierte Zusammenarbeit mit den deutschen Europaparlamentariern eine europapolitische Einflussnahme organisiert, ist er zugleich Subjekt der Europäisierung.

Europäisiert sind in Deutschland nicht allein der Gesetzgebungsprozess und die Regierungsorgane. Auch Interessengruppen, Verbände und Parteien sind in ihrem Handeln durch europäische Impulse beeinflusst. Bei den Parteien ist die Dynamik der Europäisierung jedoch in doppelter Weise begrenzt: durch das weitgehende Fehlen einer europäischen Öffentlichkeit und den (selbst bei Wahlen zum Europäischen Parlament) überwiegend durch innenpolitische Themen bestimmten Parteienwettbewerb. Bei den Verbänden hängt die europäische Ausrichtung neben der Größe vor allem von den Politikfeldern ab, auf denen sie aktiv sind. Die Europäisierung variiert erheblich zwischen den einzelnen Politikfeldern. In der Landwirtschafts- oder der Umweltpolitik sind die nationalen Gestaltungsspielräume deutlich eingeschränkt. Hingegen sind die Bildungspolitik und weite Teile der Sozialpolitik vergleichsweise wenig „vergemeinschaftet". Wesentliche Kompetenzen sind hier auf der nationalen Ebene oder bei den Ländern verblieben.

Von der Europäisierung sind die Handlungsspielräume der einzelnen innerdeutschen Akteure unterschiedlich stark betroffen. Während die europäisch vernetzten Verbände profitiert haben, gehören die Parlamente eher zu den „Verlierern", da sie in immer weniger Politikbereichen autonom gestalten können. Die Bundesregierung kann verloren gegangene Kompetenzen hingegen durch die Mitwirkung an der europäischen Politik über Ministerrat und Europäischen Rat kompensieren. Für die Länder bestehen vergleichbare Möglichkeiten nicht.

Dass die europäische Integration Deutschlands – als Voraussetzung jedweder Europäisierung – von den Eliten getragen und unter den wichtigsten gesellschaftlichen Gruppen wenig strittig gewesen ist, war Fluch und Segen zugleich. Einerseits wurden dadurch wichtige Schritte im europäischen Einigungsprozess erleichtert. Von diesen profitieren Staat, Wirt-

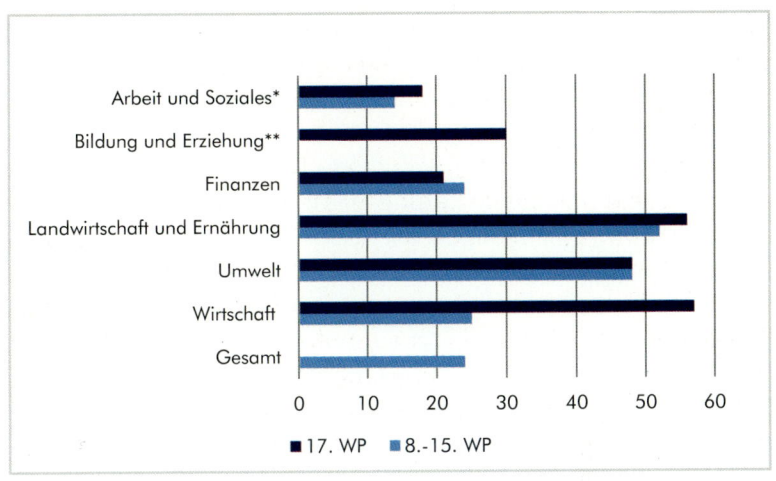

Arbeit und Soziales*

Bildung und Erziehung**

Finanzen

Landwirtschaft und Ernährung

Umwelt

Wirtschaft

Gesamt

0   10   20   30   40   50   60

■ 17. WP   ■ 8.-15. WP

Datenquellen: Töller, Annette E. (2014): Europäisierung der deutschen Gesetzgebung, Hagen [für 17. WP]; König, Thomas und Lars Mäder (2008). Das Regieren jenseits des Nationalstaates und der Mythos einer 80-Prozent-Europäisierung in Deutschland. In: Politische Vierteljahresschrift, S. 438–463, hier S. 449) [für 8.–15. WP].

Hinweis: Die Angaben für die 8.–15 WP und die 17. WP sind wegen unterschiedlicher Erhebungsmethoden nicht direkt vergleichbar:
* für 17. WP: „Arbeit und Beschäftigung" und „Soziale Sicherung" addiert
** geringe Fallzahl; 16. WP: 20 %.

Bundesgesetze mit europäischem Einfluss für ausgewählte Politikbereiche in verschiedenen Wahlperioden [WP](Angaben in Prozent).

schaft und Gesellschaft in Deutschland bis heute. Andererseits ist ein breiter gesellschaftlicher Diskurs über die Implikationen nur in Ansätzen geführt worden. Im Ergebnis wurde der Prozess von den Bürgern eher wohlwollend toleriert als unterstützt (permissiver Konsens). Spätestens mit der sogenannten Euro-Krise und dem EU-Rettungsschirm für Griechenland, der die Kosten europäischer Solidarität verdeutlicht hat, ist die europäische Integration zu einem gesellschaftlichen Konfliktthema geworden. Dies lässt sich auch daran ablesen, dass europaskeptische, letztlich integrationsfeindliche Positionen erstmalig auch im deutschen Parteiensystem repräsentiert sind.

Neue Herausforderungen

Mit der weiteren Gestaltung der europäischen Integration auch nach dem bevorstehenden Ausscheiden Großbritanniens aus der EU (Brexit) ist nur eine Aufgabe benannt, die Deutschland künftig zu bewältigen hat. In Zeiten einer bei wichtigen Fragen wenig geeint agierenden EU und einer mitunter schwer berechenbaren US-Politik ist Deutschland verstärkt auch als europa- und weltpolitischer Akteur gefragt. Dass dem Land eine solche Rolle zukommen, diese sogar von Partnern wie Frankreich eingefordert werden könnte, war bei der Gründung der Bundesrepublik 1949 nicht absehbar.

Die größten Herausforderungen der nächsten Zeit liegen aber im Inneren. Dazu zählen die zukunftssichere Gestaltung der sozialen Sicherungssysteme, die Herstellung der „inneren Einheit", die Digitalisierung sowie die Integration einer großen Zahl von Geflüchteten. Für die Bewältigung dieser und anderer Herausforderungen schien das Land bislang gut gerüstet: durch eine klug konzipierte Verfassungsordnung ebenso wie durch die Entwicklung einer demokratischen politischen Kultur. Das Zusammenspiel institutioneller und politisch-kultureller Faktoren hat zur Stabilität der Bundesrepublik beigetragen. Sie ist das erfolgreichste demokratische Experiment der deutschen Geschichte.

Allerdings zeigen sich in letzter Zeit Risse im Verfassungsfundament. Mobilisierungserfolge populistischer Gruppierungen, die Infragestellung demokratischer Verfahren und Akteure in Teilen der Gesellschaft und eine Verschärfung der öffentlichen Debatten sind nur einige Anzeichen dafür. Zu beobachten ist eine starke gesellschaftliche Polarisierung, die sich auch in stärker polarisierten Parteiensystemen und Parlamenten niederschlägt. Auch wenn sich die Konflikte vordergründig an

Fragen der Zuwanderung festmachen, liegt diesen womöglich eine neue gesellschaftliche Spaltungslinie pro/contra Globalisierung zugrunde. Inwieweit davon eine Destabilisierung der Demokratie ausgeht, lässt sich derzeit noch nicht absehen. In seiner mittlerweile fast 70-jährigen Geschichte hat sich das bundesdeutsche Regierungssystem jedoch als bemerkenswert anpassungs- und integrationsfähig erwiesen.